AF389765

Bettina von Arnim

Gedichte: Eros, Das Königslied, Seelied und mehr

e-artnow 2019

Walter Scott
Das Kloster: Historischer Roman

Hermann Hirschfeld
Wahre Verbrechen: Mörder, Kriminal-Prozesse & Historische Kriminalfälle

Nataly von Eschstruth
Der verlorene Sohn

Bettina von Arnim
Clemens Brentanos Frühlingskranz

Ludwig Tieck
Gesammelte Gedichte (Über 360 Titel in einem Band)

Sebastian Brant
Das Narrenschiff (Gedicht des Mittelalters)

Rainer Maria Rilke
Das Stunden-Buch: Vom mönchischen Leben + Von der Pilgerschaft + Von der Armut und vom Tode

Georg Herwegh
Gesammelte Werke: Erste Gedichte + Gedichte eines Lebendigen + Aufsätze

Bettina von Arnim
Goethes Briefwechsel mit einem Kinde

Rainer Maria Rilke
Duineser Elegien: Ein metaphysisches Weltbild in zehn Skizzen

Bettina von Arnim

Gedichte: Eros, Das Königslied, Seelied und mehr

e-artnow, 2019
ISBN 978-80-273-1558-1

Inhaltsverzeichnis

An Pamphilio

Im Grase liegen!
Im Regengeträufel
Den Busen kühlen,
Den heißen!
Den du bewegst, Liebe,
Träumende;
Mich Träumer schiltst,
Der *dich* nur träumt, Liebe.

Nicht stören
Emse, Käfer, goldne Biene,
Eurer finstern Vesten,
Eurer sonnigen grünen Reiche
Verständig Gewimmel;
Nicht mich erhebend,
Euch beugen, weiche Halme.
Den rollenden Sand unter der Sohle,
Dein Schweigen, Natur, nicht brechen.
Nicht auf raschlendem Blatt
Mit dem Griffel dich wecken,
Genius! – Träumender!
Schön ruhender!
Dein Hauchen Abendwind! Überm Wasser!
Traube! – Herbstbereifte! – Dein Feuer!
Zu hauchen, mit schüchternen Lippen
In *ihren* Hauch,
Die meine Brust bewegt –
Die Liebe!

[Auf diesem Hügel überseh ich meine Welt!]

Auf diesem Hügel überseh ich meine Welt!
Hinab ins Tal, mit Rasen sanft begleitet,
Vom Weg durchzogen, der hinüber leitet,
Das weiße Haus inmitten aufgestellt,
Was ist's, worin sich hier der Sinn gefällt?

Auf diesem Hügel überseh ich meine Welt!
Erstieg ich auch der Länder steilste Höhen,
Von wo ich könnt die Schiffe fahren sehen
Und Städte fern und nah von Bergen stolz umstellt,
Nichts ist's, was mir den Blick gefesselt hält.

Auf diesem Hügel überseh ich meine Welt!
Und könnt ich Paradiese überschauen,
Ich sehnte mich zurück nach jenen Auen,
Wo Deines Daches Zinne meinem Blick sich stellt,
Denn der allein umgrenzet meine Welt.

[Das Abendrot am Strand hinzieht]

Das Abendrot am Strand hinzieht,
Ergibt den Wellen sich mit Lust,
Da schwellet die beklemmte Brust
Der unbewußten Sehnsucht Lied,
So kühn gewaltig zwingt das Lied
Die Trauer der beklemmten Brust,
In Lebensmut erstrebt sie Lust,
In Liebesflut sie Wolken zieht,
Und weckt in der beklemmten Brust
Der hohen Freiheit kühnes Lied.
Sein voller Klang
Das Herz durchdrang,
Das Lied sich schwang
In Liebesdrang.
Zu ihm, zu dem ich hin verlang,
Dort über die Berge mit der Lerche,
Ihm nach der Hymne zu singen dem Volk,
Dem von seinen Lippen sie sollte erklingen.

Das Königslied

Es lag ein junger König
In seinem guldenen Bett.
Die Kron drückt ihn nicht wenig,
Die er auf dem Haupte hätt.
Doch drückten ihn wohl im Herzen
Die Liebesgedanken noch mehr.
Er sprach zu seinem Diener:
»Ruf mir den Narren her!
Er soll ein Liedlein mir singen,
Des Herzens Gram bezwingen.«
Der Narre kam gelaufen
Mit seiner güldnen Harfen:
»Herr König, weil die Sinnen
So schwer und glühend dir sind,
Will ich ein Liedlein singen
Vom leichten kühlen Wind.«
»Vom Winde willst du singen,
Von kühler Nächte Duft?
Laß sein, ich will's nicht hören,
Will selber an die Luft.
Den Fels will ich erklimmen
In dieser grausen Nacht,
Und Lieder will ich dort singen,
Bis daß der Tag erwacht.«
»Laß bleiben, laß bleiben, Herr König,
Die Wind haben keinen Respekt,
Die achten dein gar wenig,
Sie werfen dich in Dreck.«
»Und schleudern sie mich vom Felsen
Wohl tief in das Wasser hinein,
So mögen sie doch auch wohl kühlen
Die Gluten im Herzen mein.«
»Ei König, wie willst du gehen,
Barfuß und ohne Zierd,
Ich bitt, laß mich erflehen,
Kleid dich, wie dir's gebührt.
Bind an die Füße Sandalen,
Häng um die goldene Kett,
Und deine nackten Schultern
Mit dem roten Purpur bedeck,
Und in die Augen drücke
Dir tief die schwere Kron,
Damit sie dir nicht trage
Der erste Wind davon.
Und um die Lenden gürte
Dir fest dein stählern Schwert,
Damit den Winden ein König
Zum leichtesten Spiel nicht werd!
Und in den Gürtel stecke
Dir noch den Zepter dein

Und um die Schulter hänge
Dir noch die Harfen mein.«
Da kann der König nicht gehen,
Es zog ihn schwer zurück,
Da trat er in seinem Zorne
Die Harfen in tausend Stück.
Der Narre begann zu weinen,
Da er die Harfen sah
In tausend Stücken liegen,
Die ach so schöne war.
Der König den Fels erklomm,
Wo tausend Bächlein flossen
Und unten in einem Strom
Zusammen sich ergossen.
Die Winde hatten gesehen
In dunkel schwarzer Nacht
Den roten Purpur wehen
Und auch der Krone Pracht.
Sie breiten aus die Schwingen
Und kommen alle herbei,
Zu hören, wie er tät singen,
Zu sehen sein herrliches Kleid.
Und als sie hatten gehöret
Das trübe Königslied,
Da hatten sie ihren Gefallen,
Es sollt ihnen werden ein Spiel.
Der eine tat hoch aufbrausen
In seinem Purpur rot,
Der andre zog durch die Krone
Die Locken wild hervor.
Der dritt tät mit dem Schwerte
Wohl klappern hin und her,
Der Hirt zog ihn an der Kette
Wie an dem Zaum ein Pferd.
Er muß die Lethe trinken
Mit schwerem Atemzug.
Muß immer tiefer sinken
In seinem grausen Flug.
Um Hilf der König schreiet,
Die Winde sprechen ihm Hohn,
Sie tragen ihn vom Felsen
Herunter in den Strom.
Da eben stand der Narre,
Der sah die Winde fliegen
Und in dem nassen Grabe
Sah er den König liegen.
Da wandelt er sich um
In lauter grün Gezweig,
Das schöne Blüten trug
Und goldne Frücht zugleich.
Ein Adler kam geflogen
Und baut sein kühnes Nest,

Hoch in das grün Gezweige,
Eh Wurzel es gefaßt.
Die Wurzel faßt es tief
Ins jungen Königs Herz,
Der eben fest gar schlief
Und nimmer fühlte Schmerz.

Das Lied vom Hemdchen

Die Sonne stand wohl auf
Des Morgens um halber vier.
Sie zog ihr Hemdlein aus
Und hängt es an die Tür.

Herfür trat sie an Strom
Und bad't sich ganz darein,
Am ganzen Leibe schön
Wie eine Perle fein.

Alsdann ging sie von danne
Wohl über Berg und Tal,
Bis daß sie endlich kame
An einen hellgrünen Wald.

Im Wald da floß ein Bächelein,
Das hat gesehen
Ein weiß und rot schön Jungfräulein
Ganz ohne Röcklein stehen.

Da kam ein junger Knab,
Der sprach: »Ei wohl fürwahr,
Du tust dein Hemdlein ab
Beim hellen lichten Tag.«

»Mein Hemdlein kann ich lassen,
Ich war ja ganz allein.
Wenn du willst mit mir spaßen,
Nehm ich mein Hemdelein.«

»Dein Leben will ich dir nehmen«,
So sprach der junge Knab,
»Du sollst mir nimmer buhlen
Wohl mit dem jungen Tag.

Ich halt dich mit den Händen,
Drück tot dein Herzelein,
Daß du magst nimmer wenden
Die Augen zum klaren Schein.«

Als dies die Sonne tat schauen,
Da eilt sie schnell davon
Wohl über Berg und Täler,
Bis sie nach Hause kam.

Sie hängt ihr Hemdelein ab,
Sie hängt ihr Hemdelein um,
Daß wenn mein junger Buhler kommt,
Mich nimmer bringet um.

Nun liegt die Sach ganz klar am Tag,
Die Welt ist Nebels voll,
Kein Kraut, kein Wein geraten mag,
Die Jungfern wissen's wohl.

[Der Knabe sprach mit Lust]

Der Knabe sprach mit Lust,
Es saugt an meiner Brust
Ein kleines Kindlein fein;
Ei Knab, du bist betrogen,
Oder hast selbst gelogen,
Dies kann fürwahr nicht sein;
Die Fraun alleine haben
Die süßen Muttergaben,
Zu ziehn den Amor groß;
Denn daß in jungen Tagen
Alle am Busen lagen
Der Mutter in dem Schoß,
Das zieht den Knaben groß.

Es waren nicht des Maien wilde Blüten,
Violen süß und Rosen überall,
In grüner Lind die freie Nachtigall,
Die mich vor Sehnsuchtschmerzen sollten hüten.

Ich klage nicht die lichte Sommerzeiten,
Den kühlen Abend nach dem heißen Tag; –
Der meiner Träume Sinn verstehen mag,
Der wolle ihnen Störung nicht bereiten.

Nicht, daß sich bald das grüne Laub will neigen,
In dem der Vöglein muntre Schar sich wiegt,
Daß Sonnenschein und Blumenglanz verfliegt,
Macht, daß mein Herz sich sehnt und meine Freuden schweigen.

Der rauhe Winter nicht, der alle Lust bezwinget,
Die lust'gen Gauen überdeckt mit Schnee,
Mir seufzt die Langeweil im Herzen Ach und Weh,
Die mit dem Dichter stöhnt und in den Versen klinget.

[Eilt die Sonne nieder zu dem Abend]

Eilt die Sonne nieder zu dem Abend,
Löscht das kühle Blau in Purpurgluten,
Dämmrungsruhe trinken alle Gipfel.

Jauchzt die Flut hernieder silberschäumend,
Wallt gelassen nach verbrauster Jugend,
Wiegt der Sterne Bild im Wogenspiegel.
Hängt der Adler, ruhend hoch in Lüften,

Unbeweglich wie in tiefem Schlummer;
Regt kein Zweig sich, schweigen alle Winde.

Lächelnd mühelos in Götterrhythmen,
Wie den Nebel Himmelsglanz durchschreitet,
Schreitet Helios schwebend über Fluren.
Feucht vom Zaubertau der heil'gen Lippen

Strömt sein Lied den Geist von allen Geistern
Strömt die Kraft von allen Kräften nieder

In der Zeiten Schicksalsmelodien,
Die harmonisch ineinander spielen
Wie in Blumen hell und dunkle Farben.

Und verjüngter Weisheit frische Gipfel,
Hebt er aus dem Chaos alter Lügen
Aufwärts zu dem Geist der Ideale.

Wiegt dann sanft die Blumen an dem Ufer,
Die sein Lied von süßem Schlummer weckte,
Wieder durch ein süßes Lied in Schlummer.

Hätt ich nicht gesehen und gestaunet,
Hätt ich nicht dem Göttlichen gelauschet,
Und ich säh den heil'gen Glanz der Blumen,

Säh des frühen Morgens Lebensfülle,
Die Natur wie neugeboren atmet,
Wüßt ich doch, es ist kein Traum gewesen.

Eros

Im Bett der Rose lag er eingeschlossen,
Im Wechselschimmer ihrer zarten Seiten,
Die taugebrochnen Strahlen schmeichelnd gleiten
Hinein zu ihm, von Geisterhauch umflossen.

Mich dünkt, in Schlummer waren hingegossen
Die reinen Glieder, durch des Dufts Verbreiten
Und durch der Biene Summen, die zuzeiten
Vorüberstreift an zitternden Geschossen.

Doch da beginnt mit einemmal zu schwellen
Der Blume Kelch! Ins Freie nun gehoben,
Erkenn ich ihn im Tagesglanz, dem hellen.

Es ist mein Auge vor ihm zugesunken,
Der mich so seltsam mit dem Blick umwoben,
In seinem Lichte lieg ich traume-trunken.

Petöfi dem Sonnengott

Wie Vögel, die kaum befiedert im Frühlicht flattern,
Nächtlich aufrauschen im Nest, – schlummertrunken, –
Wähnend im Schlaf sich zu heben gen Abend oder gen Morgen:
So aus Träumen auffahrend, ungewohnt schwebender Fühlung,
Nicht ihr vertrauend – sinket betäubt ihr zurück,
Schüchterne Vögel, Gedanken –
Nacht ists! – Beteuert der Mond euch und glitzernde Sterne,
Die Flügel verschränkt, duckt ihr zusammen im Nest;
Da schwellen Träume euch den Busen.
Aus der umfangenden Eos Saffrangebinde
Windeln sich los – so träumt ihr – die Morgenwinde und tragen
Goldbewimpelt glorreich durchs leuchtende Blau
Euer Gefieder Helikons Gipfel hinan
Zur schwankenden Flut, die sein Bild malt dem Narziß,
Und er liebt sich in ihr – nur des Liebenden Spiegel ist Liebe –
Wie ihm – schönheitslusttrunken euerm Abglanz zu lauschen
Auf sonniger Welle – sendet lieblich der heitere Gott,
Euch umleuchtend, euer Antlitz zurück euch –
Träumende Vögel, Gedanken!
Und hymnenbeschwingt, durchrudert ihr rhythmusströmenden Lüfte,
Dem tönenden Schwan nach, der frei von der Sorge Befleckung
Siegender Feuer kraftvoll – das trübe Leben, das sterblich nur ist
Über die alles schauende Zeit,
Zum hochwolkigen Zeus
Mit unsterblichem Liede hinauftönt,
Oder in wolkensammelnder Gewitter Sturmbett,
Über Donnergeprassel und wirbelnder Purpurglut
Getragen euch bringt mit sausendem Fittig.
Euch durchschauern nicht am nachtgedeckten Himmel
Die hintreibenden Winde. Denn warm eingehüllt ganz
In deiner Strahlen goldnem Schnee
Wenden das Antlitz sie *dir* zu, Apollon,
Der herablächelnd wieder sie anglühest, Phöbus Apollon!
Und tönest – so wähnen sie träumend und lauschen –
Zärtlichen Wiegengesang ihnen zu.
Willst *du* die alles schauende Zeit nicht hinein haben, so laß sie hinaus.
Und während Dunkel auf irrenden Pfaden
Der Menschen Geschicke umkreist,
Preisen den ahnungsvollen Tag sie
In sonnedurchschimmerter Nacht, dir geheiligt, o Taggott.
O wieder zu früh macht Geräusch ihr Phäanszwitschern! –
Horche, Lichtspender! Eh' noch dein siegendes Lied
Mächtig dem Widerhall ruft, dem Jo, im Traum ihr gesungen,
Süßer Zärtlichkeit voll, schlummerempfangen von dir.

Doch jetzt weckt Mondlicht sie,
Das jenseit der Haine scheidend herabsinkt;
Silbern leuchtet der Fluß durch Morgennebel,
Die halb du zerteilest, Himmelwandelnder!
Wie flockigte Herden hinab zur Flut sie treibend.
Schon streift die frühe Schwalbe

Mit schneidendem Flug die kreiselnden Wasser, –
Durchkreuzt lustatmend deine Bahn.
In heiterer Bläue fängt ihr nächtlich Gefieder
Deiner Pfeile blitzenden Glanz auf,
Und am weiten Himmelsbogen erspäht sie
Allein nur *deines* Tempels Zinne, schützender Gott,
Ihr Nest zu bauen.

So, Leuchtender! der die Himmelsfesten durchmißt,
Ermesse an deines Tempels Gebälk
Mir den Raum – klein, wie ein Vöglein bedarf –
Wo ich schlafe, in Träumen dir nach mich schwingend,
Wo dein frühester Strahl mich weckt
Und wie die Schwalbe die Flügel ich netze im Quell
Zwischen Reigen goldumschleierter Musen
Silbern – dem Rossehuf entsprudelnd – hinab vom Gipfel,
Der von allen stolzen Gebirgen zuerst am Morgen
Den purpurhüllenden Mantel abwirft vom Nacken,
Deinem feuerküssenden Strahl.
Dann wie die Schwalbe durchkreuz ich deine Bahn
Mit morgenfrischem Hauch, fort bis zum Abend
In deinem Licht, milder Gott, mich freuend,
Und beseligt, daß dein ich gehöre,
Berg ich, beim Sternenlicht im Nest mich am Tempel,
Wo du, Wissender! der Menschen sterbliche Sinne
Unsterblich erleuchtest.
Da schlaf süß ich – in Träumen schüchtern deiner Saiten Spiel rührend,
Und mich freuet ihr Klang, wie denn selber du anschlägst das Erz.
Gewaltiger! – geheimnisvoll emporblühende Göttersprache strömend.
Dann in geträumten Zwielicht blitzet vergoldet der Hain
Des heiligen Lorber, und am wankenden Zweig
Bersten schwellende Knospen dem kommenden Tag.

Seelied

Es schien der Mond gar helle,
Die Sterne blinkten klar,
Es schliefen tief die Wellen,
Das Meer ganz stille war.

Ein Schifflein lag vor Anker,
Ein Schiffer trat herfür:
Ach wenn doch all mein Leiden
Hier tief versunken wär.

Mein Schifflein liegt vor Anker,
Hat keine Ladung drin,
Ich lad ihm auf mein Leiden
Und laß es fahren hin.

Und als er sich entrissen
Die Schmerzen mit Gewalt,
Da war sein Herz zerrissen,
Sein Leben war erkalt'.

Die Leiden all schon schwimmen
Auf hohem Meere frei,
Da heben sie an zu singen
Eine finstre Melodei.

Wir haben festgesessen
In eines Mannes Brust,
Wo tapfer wir gestritten
Mit seines Lebens Lust.

Nun müssen wir hier irren
Im Schifflein hin und her:
Ein Sturm wird uns verschlingen,
Ein Ungeheuer im Meer.

Da mußten die Wellen erwachen
Bei diesem trüben Sang;
Verschlangen still den Nachen
Mit allem Leiden bang.

Vor zwei Jahren geschrieben am Ostermontag

O himmlisch Grün, das unter Eis und Schnee in brauner Hülle sich barg und jetzt dein glühend Haupt im Antlitz der Sonne krönt.

Geliebter Baum! Könnt ich umwandeln doch in dein sanft rauschend Laub jene flüsternde Sprossen, die mit glänzendem Finger die Muse bricht, himmlischer Glorie voll, die Stirn zu umflechten dem Liebling, der mit Helm und Speer oder bogengerüstet, wo viel goldne Pfeile dahinfliegen, oder Rosse jagend oder mit leichtem Fuß zwölfmal umrennend das Ziel oder aufleuchtend mit der Flamme des Lieds, um sie wirbt.

O Baum, dich umdrängt heute der Bienen Schar, sie ziehen dem Duft nach der honigregnenden Blüte, sie sammeln ihren befruchtenden Staub und versummen die Tagesglut in deiner Krone kühlem Rauschen. Aber dann würd in deinem Schatten ruhn, der König ist am Mahle des Geists, und nähren würde deine Wurzel die Flut, die den eignen Gott im Busen ihm begeistert, zu alleroberndem Triumph.

Begegne dir nichts, was dich beleidigt, o Baum! Den keiner der Unsterblichen umwandelt. Ich zwar träume den Frühling in deinem Schatten, und mir deucht von Unnennbarem widerhallen zu hören rings die Wälder und die Hügel.

Vor zwei Jahren geschrieben am Pfingstmontag

Bäume, die ihr mich bergt, mir spiegelt in der Seele sich euer dämmernd Grün, und von euern Wipfeln seh ich sehnend in die Weite.

Dorthin fließt der Strom und hebt nicht zum Ufer die Wellen, und es jagt nicht mit den Wolken seine fröhlichen Schiffe der Wind.

Der hellere Tag flieht und mein Gedanke lauscht, ob Antwort vielleicht ein sausender Bote von dir ihm bringe, Natur!

O du! – du, der ich rufe, warum antwortest du nicht? – Immer gleich Herrliche! Allebendige! Schauder über Schauder flößt mir, Herr! Herr! deine Natur ein.

Da senkt sich der Wagen des Donnerers, die Berge hallen, es braust und duftet und weht! – Wohin ihr Nebel? – Ihr Rauchsäulen? – Wohin wandelt ihr alle? – Warum bin ich! – Warum mich an deinen Busen Natur, wenn nicht erquickend mir's quillt aus deinen Tiefen, wie aus den Bergen quellen die rauschenden Wasser.

Ich hör dich Donnerer, langsam ziehn am windstillen Tag übers Gebirg, in meiner Seele Saiten tönt's nach, sie bebt, die Seele, und kann nicht seufzen.

Lust und Hoffnung, ihr habt oft mich gewiegt wie die rauschenden Wipfel, ihr schienet endlos mir einst wie jetzt mein düsterer Tag.

Da brechen die Wolken und strömen unter dir, Befreier! – Und rings trinkt die Erde – und deine Donner – wohin? – Und ihr atmet wieder, Wiegengesang flüstert, wogt in eurem Laub, das mich umfängt.

Und ich will gern wieder leben mit euch allen, ihr Bäume, die ihr trinkt, segnende Ströme vom Himmel, und fröhlich wieder säuselt im Wind.

[Wer sich der Einsamkeit ergibt]

»Wer sich der Einsamkeit ergibt,
Ach der ist bald allein;
Ein jeder lebt, ein jeder liebt
Und läßt ihn seiner Pein.«

Wer sich dem Weltgewühl ergibt,
Der ist zwar nie allein.
Doch was er lebt und was er liebt,
Es wird wohl nimmer sein.

Nur wer der Muse hin sich gibt,
Der weilet gern allein,
Er ahnt, daß sie ihn wieder liebt,
Von ihm geliebt will sein.

Sie kränzt den Becher und Altar,
Vergöttlicht Lust und Pein.
Was sie ihm gibt, es ist so wahr,
Gewährt ein ewig Sein.

Es blühet hell in seiner Brust
Der Lebensflamme Schein.
Im Himmlischen ist ihm bewußt
Das reine irdsche Sein.